AF542501

SÉRIE 12

BREVET D'INVENTION

DE 15 ANS

Pris le 16 Mars 1881

PAR

THOMAS ALVA EDISON

POUR

PERFECTIONNEMENTS DANS LA CONSTRUCTION DES MACHINES, APPAREILS ET ACCESSOIRES POUR CHEMINS DE FER ÉLECTRO-MAGNÉTIQUES, AINSI QUE DANS LA PRODUCTION, LA DISTRIBUTION ET LA TRANSLATION DE L'ÉLECTRICITÉ POUR L'EXPLOITATION DE CES CHEMINS DE FER.

Délivré suivant Arrêté Ministériel en date du 27 Mai 1881

SOUS LE N° 141752

Cabinet de D. H. BRANDON, *Ingénieur, 1, rue Laffitte*, PARIS.

SÉRIE 12

MÉMOIRE DESCRIPTIF

ANNEXÉ AU BREVET D'INVENTION DE 15 ANS, PRIS LE 16 MARS 1881

PAR LE SIEUR **ÉDISON** (THOMAS-ALVA) 7307

ÉLECTRICIEN DES ÉTATS-UNIS D'AMÉRIQUE

et qui lui a été délivré par arrêté du Ministre de l'agriculture et du commerce, en date du 27 mai 1881

POUR DES

PERFECTIONNEMENTS DANS LA CONSTRUCTION DES MACHINES, APPAREILS ET ACCESSOIRES POUR CHEMINS DE FER ÉLECTRO-MAGNÉTIQUES, AINSI QUE DANS LA PRODUCTION, LA DISTRIBUTION ET LA TRANSMISSION DE L'ÉLECTRICITÉ POUR L'EXPLOITATION DE CES CHEMINS DE FER,

sous le numéro 141 752

Le but de cette invention est de fournir un système économique et sûr de chemins de fer ou tramways électro-magnétiques, lequel système, tout en étant utile dans une localité quelconque, est destiné à être adapté spécialement à des régions où le trafic est trop léger pour les chemins de fer à vapeur ordinaires, ou bien où la partie principale du trafic est limitée à de certaines saisons, ou encore dans des régions où les difficultés et les dépenses du terrassement rendent impraticables les chemins de fer à vapeur ordinaires.

A cet effet, l'invention consiste dans un système complet de chemin de fer électro-magnétique, renfermant la production, la distribution et l'utilisation des courants électriques comme force motrice, et dans de nouveaux mécanismes et combinaisons de mécanismes et organes servant à cet effet, comme cela est décrit et revendiqué plus spécialement ci-après.

Pour la mise en pratique de mon invention, les rails de la voie sont réunis électriquement, de manière que chaque ligne de rails constitue une moitié d'un circuit. La voie est divisée en sections où cela est désirable en raison de sa longueur, chaque section constituant en substance un petit chemin de fer indépendant. Pour chaque section, il est pourvu une station centrale à laquelle est installé un moteur quelconque approprié pour donner le mouvement à une ou plusieurs machines magnéto ou dynamo-électriques y réunies. A chaque station centrale et également à d'autres points où cela est nécessaire, une partie d'une section est électriquement séparée du reste de cette section, laquelle partie, étant réunie à un évitement y disposé, permet que les trains puissent passer les uns les autres. Des aiguilles mobiles sont formées dans les extrémités de la voie principale adjacente aux évitements.... Les aiguilles sont manœuvrées au moyen de mécanismes commandés par des moteurs électro-magnétiques ayant communication avec la station centrale. De chaque extrémité de chaque section de rails il est établi des communications avec une série d'aiguilles électriques aux stations centrales, par lesquels moyens l'ingénieur de service à la station centrale peut admettre ou intercepter le courant ou le renverser sur une voie quelconque ou section à aiguilles spéciales, ainsi que manœuvrer une aiguille quelconque spéciale.

Pour le moteur voyageur ou la locomotive, une machine électro-magnétique est montée sur un châssis approprié, supporté sur les axes de roues motrices et autres. Afin que le circuit d'une ligne de rails à l'autre ne s'établisse directement à travers les roues et axes, mais bien à travers le moteur, chaque wagon est pour ainsi dire coupé électriquement en deux par l'interposition d'une matière isolante quelque part dans sa structure, les pôles du moteur étant réunis un à chaque division. Une méthode qui paraît préférable est de former le moyeu et la couronne d'une roue de parties métalliques séparées et de les réunir en boulonnant chacune à une partie en bois qui isole les deux parties métalliques, d'où il résulte que le corps du wagon et les axes sont isolés de la voie.

Des ressorts de contact portent contre les brides ou préférablement contre des moyeux y fixés, à l'aide de barres transversales ou « d'araignées », dont les extrémités externes sont boulonnées sur les brides.

Ces ressorts de contact sont en communication avec les ressorts du commutateur du moteur, un ressort de contact avec chaque ressort du commutateur, par l'intermédiaire des contacts contrôlés par le mécanisme renverseur et le régulateur dont il sera parlé ci-après.

Comme dans un système central la force motrice est constante, irrespectivement des conditions des trains, il paraît nécessaire que la force motrice soit réunie directement et d'une manière inflexible aux roues motrices, mais d'une manière ou autre, telle que la force puisse y être appliquée ou en être retirée graduellement. A cet effet, une roue à frottement est montée sur l'arbre du moteur et une autre sur l'axe moteur principal, les deux étant désunies, de sorte que le mouvement ne soit point communiqué de l'une à l'autre. Dans un châssis oscillant, articulé sur une extrémité et pourvu, sur l'autre, d'une poignée, est montée une autre roue à frottement ou roue d'embrayage, laquelle, lorsqu'elle est déprimée, se prend contre les deux roues à frottement ci-avant mentionnées et transmet la force de l'une à l'autre. Naturellement la quantité de cette transmission est dépendante de la perfection du contact et du frottement résultant de la roue intermédiaire sur les deux autres roues à frottement et peut être variée entre les limites du contact et du frottement minimum et maximum.

Afin d'accomplir le même résultat, une poulie du moteur et une poulie imprimant le mouvement à la locomotive peuvent être réunies, au moyen d'une courroie lâche devant être tendue au moyen d'un organe oscillant portant une poulie, ou bien ce résultat peut être obtenu de diverses autres manières.

Comme la force motrice suffisante pour mouvoir une charge avec une grande vélocité sur un plan horizontal est complètement insuffisante pour la mouvoir avec la même vélocité sur une rampe, et même souvent ne peut pas démarrer la charge, des moyens (tels qu'une plus grande capacité pour la production de la vapeur, etc.) sont souvent employés pour fournir un grand excès de force au-dessus de la quantité généralement nécessaire, augmentant de beaucoup le poids mort que l'on doit traîner. Mais dans ce système je me propose d'employer en tout temps pour une charge ou un train seulement la quantité de force normalement nécessaire dans des conditions favorables, en adaptant des moyens à l'aide desquels la vitesse est automatiquement changée contre ou aux dépens de la force, lorsque cela est nécessaire; cet effet est obtenu au moyen d'un régulateur qui, lorsque la vitesse diminue quand on arrive à une rampe, fonctionne automatiquement pour changer le rapport des organes de transmission, soit à courroies, soit à roues à frottement, soit à embrayages, par l'intermédiaire desquels le moteur agit sur la roue motrice. Comme les organes servant à ce but sont applicables aussi à d'autres systèmes qu'aux systèmes électro-moteurs, ils ne sont point décrits en détail dans ce mémoire, mais ils constitueront le sujet d'une demande de brevet séparée...

Sur chaque machine est installée une clef de renversement de marche, par laquelle le circuit passe au moteur et qui peut être employée comme frein dans le cas de nécessité, le renversement du courant agissant pour renverser la direction du moteur et par suite pour l'arrêter plus rapidement. Le levier actionnant ce renverseur est combiné avec un ressort, de manière qu'il puisse être maintenu dans une position centrale, sans qu'aucun de ses contacts porte contre d'autres contacts et qu'il puisse agir aussi comme un simple organe servant à fermer ou à intercepter le circuit. Il est fait usage d'un régulateur centrifuge mû par l'axe moteur et réuni à une série de contacts, comme cela a été complètement expliqué dans une demande de brevet précédente, de manière à interrompre le circuit simultanément sur plusieurs points lorsqu'une certaine vitesse prédéterminée est atteinte.

Une disposition est adaptée, qui économise considérablement les terrassements de la voie, en ce sens que la machine peut monter des rampes ordinairement impraticables. Cet objet est obtenu de la manière suivante : Sur un ou sur les deux côtés du wagon portant le moteur, une roue, ayant une gorge dans sa périphérie, susceptible de saisir ou de serrer la tête du rail, est montée dans un support combiné avec une vis ou autre organe de soulèvement, de manière que la roue puisse être déprimée *sur* ou élevée hors contact d'*avec* le rail. Sur son axe est fixée une roue à chaîne sans fin. Sur l'axe moteur principal est affolée une roue à frottement, à laquelle est fixé un pignon à chaîne sans fin. Lorsque cela devient nécessaire, cette roue affolée est mise en rotation au moyen d'une roue à frottement montée sur l'axe du moteur par l'entremise d'une roue à frottement intermédiaire montée dans un châssis oscillant, comme il a été ci-dessus décrit; une chaîne sans fin réunit la roue sur l'arbre de la roue à gorges et le pignon denté correspondant. Dans des circonstances ordinaires, cette roue à frottement sur l'axe principal ne reçoit aucun mouvement et la roue à gorge n'est pas en contact avec la voie.

Si cela devient nécessaire, la roue à gorge est déprimée, et la roue à frottement intermédiaire est également appliquée de manière à imprimer un mouvement rotatif à la roue affolée sur l'axe moteur principal, avec son pignon à chaîne, le mouvement à chaîne étant communiqué à la roue à gorge, laquelle, saisissant et serrant la tête du rail, remonte la charge sans danger de glissement.

Dans les fig. 1 à 15 des dessins ci-joints, j'ai illustré, en détail, la manière dont cette partie de l'invention peut être mise en pratique ; il est bien entendu pourtant que ces détails peuvent être variés ou que des équivalents peuvent être employés et que, par suite, je ne me limite point en général, dans ces cas, aux détails exacts y illustrés.

Dans ces dessins,

Fig. 1, est une vue représentant la disposition générale d'une station centrale et des communications entre les voies;

Fig. 2, est une partie du châssis d'un wagon ;

Fig. 3, une vue perspective d'un wagon portant un moteur;

Fig. 4, une vue perspective des organes servant à saisir le ou les rails pour monter des rampes, avec une coupe de la roue à gorges et du rail;

Fig. 5, une vue perspective du renverseur, du régulateur et de l'organe pour les interceptions multiples du circuit;

Fig. 6, un plan du renverseur vu en dessous ;

Fig. 7 et 8, sont des vues de différents moyens mécaniques pour la manœuvre des aiguilles de la voie ;

Fig. 9, est une vue perspective des aiguilles électriques aux stations centrales;

Fig. 10, est une vue perspective représentant les moyens de réunir électriquement les rails;

Fig. 11 et 12, sont des vues en coupe représentant différentes méthodes pour diviser électriquement le wagon, de manière à isoler une bride de l'autre;

Fig. 13, est un diagramme représentant plusieurs sections et une voie latérale ou alimentateur.

Fig. 14, est un diagramme représentant des connections, quand on les désire, sur un pont ou une autre courte section;

Fig. 15, est un diagramme représentant la méthode de réunir les organes électriques dans l'arc multiple.

A est la station centrale à laquelle sont installées une chaudière et une machine à vapeur, comme cela est représenté, quoique le moteur puisse être un moteur à eau ou un autre genre de moteur quelconque convenable. B est une machine magnéto ou dynamo-électrique quelconque appropriée, réunie à et commandée *par* la machine motrice. Du générateur, des communications 1 et 2 sont établies avec les aiguilles 3 et 4, une série étant réunie à un commutateur et l'autre série à l'autre commutateur.

MT, MT', MT'', sont la ligne ou voie principale. Les rails de chaque ligne de rails sont réunis électriquement au moyen de fils ou bandes en cuivre E (fig. 10) au-dessus de l'éclisse EP, et maintenus par celle-ci en contact avec les extrémités de deux rails adjacents. Une partie MT, d'une longueur suffisante pour pouvoir accommoder un ou plusieurs trains, est séparée électriquement du reste de la section MT' et MT''. A côté de cette partie, il se trouve un évitement de la même longueur SW. Les parties de MT' et de MT'' adjacentes aux extrémités de MT sont construites mobiles, de manière à constituer des aiguilles au moyen desquelles des trains peuvent être dirigés de MT' ou de MT'' sur MT ou SW, ou *vice versâ*. Pour chaque aiguille de la voie, il est disposé un électro-moteur SM, un circuit 5,5, se dirigeant d'une série d'aiguilles 3 à travers les deux moteurs pour les aiguilles à l'autre série d'aiguilles 4. De 5, une communication 6 est établie avec une des séries d'aiguilles, afin que, si on le désire, un seul des moteurs pour les aiguilles puisse être mis en fonctionnement.

Par ces moyens, il est rendu possible que des trains puissent passer les uns les autres à une station. Par exemple, deux trains sont arrivés à une station, on ne fait fonctionner qu'un seul moteur, et un train, par exemple, venant de MT', est dirigé sur MT. L'autre moteur est ensuite mis en fonctionnement et un train passe de MT'' sur SW et de là sur MT', tandis que le premier train a passé de MT sur MT''.

Les moteurs pour les aiguilles sont réunis au levier de manœuvre SL, de manière que, lorsque le circuit parcourant un des moteurs pour les aiguilles est fermé, le mouvement de ce moteur soit communiqué à l'aiguille. A la fig. 7 est représenté un moyen pour ainsi communiquer le mouvement à l'aiguille; dans cette figure, SL est le levier de manœuvre réuni à une double crémaillère dans laquelle fonctionne une roue dentée sur un peu moins de la moitié de sa périphérie et laquelle est réunie par une bielle CR à l'arbre du moteur aiguilleur, soit directement, soit par l'intermédiaire d'engrenages.

Fig. 8 représente une autre méthode suivant laquelle le levier de manœuvre SL est réuni à un châssis D glissant dans des glissières appropriées. Dans ce cadre fonctionne une camme *d* dont l'arbre porte une roue dentée avec laquelle engrène un pignon sur l'arbre du moteur aiguilleur. Comme la roue et le pignon sont bien connus, ils ne sont pas représentés. Lorsque cela est nécessaire, ces aiguilles peuvent être installées à un endroit éloigné de la station centrale et actionnées automatiquement par le train, au lieu de l'être par l'ingénieur à la station centrale. Dans ce cas, un circuit est dirigé *dans* et à une certaine distance *au-delà de* l'aiguille que l'on veut manœuvrer; ce circuit contient, près de l'aiguille, un moteur qui actionne l'aiguille dans une direction, le mouvement dans le sens inverse étant imprimé par un ressort. A une courte distance, sur chaque côté du moteur aiguilleur, sont placés des organes servant à fermer le circuit et disposés de manière à être frappés par un bras se projetant du train. Si on fait partir un train qui est destiné à passer sur un embranchement ou évitement, le bras sur le train est amené en position. En arrivant au premier organe servant à fermer le circuit, le bras frappe cet organe, fermant ainsi le circuit, manœuvrant et maintenant l'aiguille. Le train s'avance sur l'évitement, frappe le deuxième organe et l'ouvre. Le circuit étant maintenant interrompu, le ressort ramène l'aiguille. Dans le cas où il existe plusieurs aiguilles, une disposition à permutation mue par les parties mobiles du train sera installée sur le train, susceptible d'être ajustée de manière qu'elle avancera ou abaissera le bras servant à actionner les organes pour fermer le circuit, seulement lorsque le train se rapproche de l'aiguille voulue.

La fig. 9 représente en détail les aiguilles employées dans les séries 3, 4. Des leviers *a*, *a*, *a*, sont articulés dans des supports appropriés sur la base G, des ressorts *a'*, *a''*, rappelant le levier en arrière. Sur la base sont disposés des ressorts *b*, *b*, avec leurs extrémités internes recourbées vers le haut, de manière à constituer un arrêt pour les extrémités inférieures des leviers, comme cela est représenté. En partant des ressorts *b*, *b*, de l'aiguille électrique, des séries 3, 4, sont établies, se dirigeant sur chaque ligne de rails de chaque section de la voie et de chaque aiguille de la voie, ainsi que sur les moteurs aiguilleurs. Par exemple, de MT', des fils 7, 7, se dirigent, un sur 3 et un sur 4.... 8, 8, se dirigent de la même manière d'une extrémité de MT, tandis que 11,11, partent de l'autre extrémité. De la même manière, 9, 9 et 10, 10, réunissent 3 et 4 et SW. En tournant simplement les aiguilles appropriées, de manière qu'elles s'accrochent sur leurs ressorts respectifs, le circuit se dirigeant dans une section quelconque voulue est fermé et le courant admis dans ce circuit.

Le circuit à travers une section quelconque spéciale étant fermé et cette section constituant les conducteurs pour le courant, il est formé un circuit d'une ligne de rails à l'autre, et le courant est utilisé comme agent moteur par une machine construite comme cela est illustré à la fig. 3 dans laquelle F est un châssis quelconque approprié suspendu sur l'axe moteur principal et placé sur l'autre axe.

Les roues employées sous le wagon portant la machine et sous tous les autres wagons sont construites comme cela est représenté à la fig. 11, dans laquelle les couronnes *Fl* sont construites séparément et réunies par une partie en bois *o* sur laquelle elles sont boulonnées, la roue se composant alors d'un moyeu métallique, d'une couronne métallique et d'une partie intermédiaire en bois ou matière isolante. Par ces moyeus, les axes et le corps du wagon sont isolés des couronnes et de la voie, et le courant ne peut pas passer à travers le wagon d'un rail à l'autre. Quoique les deux roues à la fig. 11 soient représentées comme étant de cette construction, il est évident que celles sur un côté du wagon seulement doivent ainsi être construites, parce que par ce fait la formation d'un circuit direct d'une ligne de rails à l'autre serait rendue impossible. Le même objet peut être obtenu par la construction représentée à la fig. 12, dans laquelle il est fait usage de roues ordinaires, l'axe étant divisé en deux parties et réuni par un manchon Q, isolé de l'axe par P et des boulons isolés *de*, mais passant *à travers* les moitiés des axes.

Sur le wagon portant la machine, une araignée ou un cadre N, fig. 3 et 11, est fixé à la couronne *Fl*, de manière à être en contact électrique avec celle-ci, mais ne touchant pas, ni formant aucun contact avec le moyeu M. Sur le centre de N, il se trouve une saillie ou broche *n* contre laquelle porte une brosse de commutateur maintenue par un bras *p*. Le courant passe alors d'une ligne de rails à travers une couronne Fl, châssis N, saillie ou broche *n*, commutateur *p* à la clef servant à la marche arrière (fig. 5), points de contact 13, 14, 15, 16, à la machine électrique, de là à travers l'autre bras *p*, la broche, le châssis et la couronne, à l'autre ligne de rails.

La clef servant à renverser la marche est illustrée aux fig. 5 et 6, dans lesquelles U et V sont des leviers coudés, articulés respectivement en Q et Q', les ressorts *s* et *s'* exerçant une pression sur ces leviers qui les appelle à fermer normalement le circuit en *r* et *r'* — V est réuni à P' et U à P''; *r* et *r'* sont réunis à la série de contacts à ressort et de là à un pôle de la machine motrice. Entre les leviers U et V est placé le levier de manœuvre T, articulé en *o* et réuni à l'autre pôle de la machine motrice. Dans le côté inférieur de T est plantée une broche *z* qui entre dans une fente *y* pratiquée dans la plaque formant camme *w*, articulée en *x*. La plaque formant camme *w* est mue, lorsque le levier T est mû, par l'action de la broche *z* dans la fente *y*. Elle est d'une largeur telle que, lorsqu'elle se trouve dans la position neutre ou non inclinée, ses côtés opposés se prennent contre des broches *u*, *v*, sur les leviers UV, et les rappellent de leurs contacts, laissant le circuit ouvert. Mais un mouvement vers un côté ou vers l'autre permet à un des leviers UV d'établir un contact avec *r* ou *r'*, l'autre étant maintenu hors contact par son contact avec le levier T. Sur la machine est monté un régulateur centrifuge Gr, commandé par l'axe moteur principal du wagon. L'extrémité inférieure de la tige qui reçoit un mouvement de va-et-vient par les boules du régulateur se prend contre un levier 17 articulé en 18, dont l'extrémité externe se prend sous une série de ressorts de contact 13, 14, 15, 16, placés dans le circuit. Le régulateur est ajusté de manière à interrompre le circuit toutes les fois qu'une vitesse déterminée est atteinte, l'interrompant simultanément sur un nombre de points, de manière à réduire de beaucoup, sinon à éliminer pratiquement l'étincelle due à l'interception du circuit d'un grand courant.

Le circuit étant maintenant complété à travers le moteur et celui-ci étant en fonctionnement, le mouvement est communiqué à l'axe moteur principal, comme cela est indiqué à la fig. 3, dans laquelle *g* est l'axe moteur principal sur lequel est monté une roue à frottement G. Sur l'arbre *c* de la machine magnétique se trouve une poulie à frottement *e*, les poulies *e* et G n'étant pas en contact. Dans un cadre oscillant *f*, articulé en *h*, est montée une poulie à frottement *i*. Lorsque le cadre *f* est déprimé, la poulie *i* porte contre *e* et G et communique le mouvement de *e* à G, la somme de force transmise étant proportionnelle au contact à frottement plus ou moins énergique de *i* sur *e* et G. Comme organe perfectionné de traction, afin d'empêcher le glissement sur des rampes, on peut se servir d'un mécanisme illustré à la fig. 3 ou d'un mécanisme illustré à la fig. 4, soit séparément, soit conjointement. A la fig. 3, EM est une paire d'électro-aimants ordinaires, une ou plusieurs paires étant employées sur chaque côté. Ces aimants sont suspendus au châssis, de sorte que leurs pôles se trouvent au-dessus et en contiguïté immédiate des rails. Un circuit se dirige de ces aimants aux bras *p*, de sorte que les aimants se trouvent dans un circuit multiple par rapport aux rails. Dans leur circuit est interposée une clef qui peut être actionnée à la main ou automatiquement par le régulateur suivant la disposition ci-dessus mentionnée. Lorsqu'on arrive à une rampe, le circuit est fermé et les aimants exercent immédiatement leur influence d'attraction sur la voie, tendant ainsi à maintenir le wagon solidement et à l'empêcher de glisser.

A la fig. 4, additionnellement aux organes déjà décrits comme étant montés sur l'arbre *c* et sur l'axe *g*, H est une poulie à frottement affolée sur l'axe moteur principal *g*; sur H est fixée une roue à chaîne I. Sur l'arbre *c* est placée une roue à frottement *z* et dans un cadre semblable au cadre *f* est montée la roue à frottement *l*; en déprimant le cadre, le mouvement est communiqué de *z* H et I qui tournent sur l'arbre *g*. Une roue L, dont la périphérie comporte une gorge, est fixée sur un arbre qui est monté dans un support attaché d'une manière ajustable au châssis à l'aide d'une vis *s*.... Une chaîne galle *m* réunit I et K. Lorsqu'on arrive à une rampe, en tournant la vis *s*, la roue L est déprimée et saisit le rail, comme cela est représenté, le mouvement lui étant communiqué, comme cela vient d'être décrit, grâce à laquelle disposition la machine peut monter une rampe impraticable dans les chemins de fer à vapeur ordinaires.

Il est bon de remarquer que tous les organes nécessitant l'emploi d'un courant sont disposés suivant le système à arc multiple, les rails formant les conducteurs principaux et tous les organes électriques étant installés dans des circuits dérivés par rapport aux rails. Cette disposition est illustrée par le diagramme fig. 15, dans lequel R A est l'armature tournante, FM les aimants de champ, EM les électro-aimants servant à augmenter la traction sur la voie et *Lp* une lampe électrique pour l'éclairage du wagon pour sa lumière en tête. Comme cela est ici représenté, chaque organe est réuni dans un circuit dérivé des lignes de rails de la voie MT. Dans la pratique pourtant, tous les circuits dérivés ou à arc multiple sont complétés jusqu'à la voie et aux bras et couronnes des roues.

A la fig. 13, deux sections MT1 et MT2 sont représentées, chacune avec une station centrale A. La section MT2 est représentée comme étant divisée à une station, la réunion électrique entre les deux divisions étant complétée quand on le désire, au moyen d'aiguilles électriques installées aux stations. De MT2 part un chemin de fer latéral ou d'embranchement, alimenté du courant moteur de la même station, les divisions et la voie d'embranchement étant réunies au générateur à la station centrale suivant le système à arc multiple.

A la fig. 14, Bg représente une courte section de voie sur un pont ou dans toute autre localité où il est désirable de réduire la vitesse. Cette section est isolée de celles avoisinantes, mais y réunie par des conducteurs de fil métallique, comme cela est représenté en *b' b''*, de manière que sur cette section le courant soit renversé, diminuant la vitesse, le courant étant de nouveau renversé à l'autre extrémité de la section renfermant le pont rétablissant la vitesse.

Au lieu de cette disposition, de très courtes sections peuvent être exclues électriquement complètement, la réunion étant établie entre les sections adjacentes à la section exclue, au moyen de fils passant autour de cette section, de sorte que la force motrice est entièrement retirée de ces sections.

Il est bon d'installer dans le circuit, à la station centrale, un électromètre, parce que la déflection de l'aiguille donne une bonne indication de la position relative d'un train sur la section. Comme, dans certaines saisons, il pourra être nécessaire que la voie soit maintenue propre, dégagée de la neige et d'autres obstacles, afin d'assurer un bon contact entre la couronne et la voie, il est préférable de monter, en avant des machines, des brosses tournant à angles droits par rapport aux rails et mues par un petit moteur sur le wagon de la machine, y disposé spécialement pour ce travail.

Lorsqu'on fait usage d'électro-moteurs, les meilleurs résultats sont obtenus lorsque la vitesse de l'armature tournante est maintenue uniforme et a une très grande rapidité.

On a l'habitude de donner aux moteurs des chemins de fer ou locomotives une certaine puissance au-delà de celle nécessaire pour leur faire parcourir des plans horizontaux, et cela afin de pouvoir leur faire remonter les rampes à une vitesse beaucoup moindre, la vitesse du moteur étant diminuée proportionnellement.

Un des buts de cette invention est de disposer un moteur de telle manière par rapport au mécanisme commandé, que la vitesse du moteur sera toujours maintenue sans changement, n'étant point influencée par les changements dans la vitesse du mécanisme commandé, et que la force puisse être changée contre la vitesse ou *vice versâ*, suivant les circonstances qui l'exigent, sans que la vitesse du moteur soit influencée. Un autre but est de fournir une méthode de propulsion aux trains, analogue à l'action d'un quadrupède entraînant une charge, spécialement applicable comme moyen pour monter une rampe ou pour aider à la monter.

Afin d'accomplir ces objets, une vis sans fin est montée sur l'arbre de l'armature tournante, engrenant avec une roue à vis sans fin sur un arbre à l'extrémité opposée duquel est une roue d'angle engrenant avec une roue d'angle sur un arbre parallèle à l'arbre de la machine.

Sur ce dernier arbre sont deux roues dentées, dont une a un nombre de dents plusieurs fois plus grand que l'autre, les deux étant affolées sur l'arbre, sur lequel et entre les deux engrenages est fixé un embrayage approprié, afin que l'une ou l'autre puisse être amenée à tourner avec l'axe, lorsque l'em brayage est mû à la limite ou près de la limite extrême de son mouvement, mais que, lorsque l'embrayage accuse une position intermédiaire, aucune des roues ne soit serrée sur l'arbre. Afin d'empêcher que l'embrayage soit mû trop rapidement, il peut être actionné à l'aide d'un levier fileté passant à travers l'extrémité libre du levier.

Sur l'axe commandé principal, deux engrenages sont fixés d'une manière rigide, un grand, et l'autre petit, celui plus grand engrenant avec la roue plus petite affolée sur l'arbre mentionnée en dernier lieu, tandis que le petit engrène avec la roue plus grande affolée sur cet arbre.

Il est évident alors que la conversion de la vitesse en force ou de la force en vitesse dépendra du fait, si le mouvement est communiqué de l'arbre commandé par l'arbre de l'armature, à l'axe commandé principal, par l'intermédiaire du plus petit ou par l'intermédiaire du grand engrenage qui s'y trouve.

Pour l'emploi sur des rampes, un organe qui peut être appelé un rampeur est employé quelque peu comme suit.

Sur la partie antérieure de la machine est monté un arbre vertical portant une roue à vis sans fin, engrenant avec une vis sans fin sur l'arbre de l'armature. Cet arbre vertical est monté dans des coussinets ajustables, de manière que la roue à vis sans fin puisse être embrayée et désembrayée à volonté avec la vis. Sur l'extrémité inférieure de l'arbre vertical est une roue d'angle engrenant avec une roue d'angle sur un arbre horizontal aux extrémités duquel sont des boutons de manivelle auxquels sont articulés des bielles ou bras dont chacune porte à son extrémité opposée une boîte ou un cadre pourvu d'une roue centrale qui tourne sur le rail. Dans la boîte ou le cadre, de manière à se prendre contre les côtés du rail, sont pivotés excentriquement deux galets, un de chaque côté. Ces galets latéraux étant articulés excentriquement permettent que la boîte puisse être poussée en avant le long du côté du rail, mais elles empêchent tout mouvement en arrière par le fait qu'elles se serrent sur et saisissent le rail. Les bras portant ces organes, pinces ou rampeurs, sont montés de manière qu'ils puissent être abaissés *sur* ou soulevés *de* la voie suivant que l'occasion le nécessite. Par conséquent, lorsqu'une de ces tiges reçoit du moteur un mouvement de va-et-vient par les organes intermédiaires décrits, elle pousse en avant pendant une moitié une révolution, la boîte ou le cadre, qui glisse sur le rail. Au commencement de l'autre moitié de la révolution, par l'action des roues ou galets articulés excentriquement, la boîte ou le cadre est serré sur le rail et la machine est appelée ou remontée sur le plan incliné.

Si l'on ne fait usage que d'un seul de ces organes, il en résultera une série de progressions et d'arrêts, et, si on le désire, un seul peut être employé sur l'un ou l'autre rail, ou bien sur un rail central posé spécialement dans ce but.

Mais dans la pratique il est désirable d'en employer au moins deux, un pour chaque rail, avec des manivelles disposées relativement l'une par rapport à l'autre, de manière que, pendant que l'un glisse en avant, l'autre serre le rail, de sorte qu'un mouvement continu soit produit. Des organes serrants ou rampeurs additionnels peuvent être placés également à la partie arrière du train, de sorte qu'une action de traction et de poussée continue soit produite.

Au lieu de galets à l'intérieur de la boîte ou du cadre mentionné, une autre forme d'organe peut être employée, afin de donner une plus grande surface de prise.

A l'intérieur du cadre sont disposées deux barres, parallèles au rail, une de chaque côté. Ces barres sont attachées au cadre ou à la boîte à l'aide de genouillères facilement mobiles, de telle manière que, lors du mouvement en avant de la boîte ou du cadre, les barres reculent du rail, mais qu'elles s'approchent du rail et le saisissent lors du mouvement en arrière.

Le fonctionnement de ces organes sera plus facilement compris en se reportant aux fig. 15ᵃ, 16, 17 et 18 des dessins, dont fig. 15ᵃ est une vue perspective de la machine contenant et le moteur et le rampeur.

Fig. 16 et 17 sont des détails du rampeur.

Fig. 18 une vue perspective des engrenages moteurs.

A est l'armature tournante du moteur électrique, fixée sur un arbre *a* monté dans des coussinets appropriés. Sur l'arbre *a* est la vis sans fin B engrenant avec la roue à vis sans fin C sur l'arbre *c* sur l'extrémité inférieure duquel se trouve la roue d'angle D engrenant avec la roue d'angle E sur l'arbre *e*, sur lequel sont affolés les engrenages F, H, ce dernier ayant une denture beaucoup plus nombreuse que F.

Entre F et H est monté, de manière à tourner avec *e*, le manchon d'embrayage C', sur lequel est adapté un embrayage convenable contrôlé par le levier d'embrayage L, articulé en *l*. L'embrayage que je préfère est celui connu sous le nom de « embrayage Mason ».

Comme cela sera décrit plus loin, une disposition est adoptée pour faire tourner A constamment sans imprimer le mouvement à F ni H. Donc, afin d'amener graduellement l'une ou l'autre de ces roues en fonctionnement, tout en obviant aux secousses ou chocs, je passe quelquefois une tige filetée à travers l'extrémité libre de L et à angle droit avec celle-ci, une extrémité de la tige se terminant en une manivelle ou manette, au moyen de laquelle la tige peut être tournée, chaque révolution ne déplaçant l'embrayage que de la largeur d'un pas de la vis.

Les roues F et H engrènent avec des roues G et I sur l'arbre *g*, qui est l'axe commandé principal, portant sur ses extrémités des roues non représentées.

La roue G a le même rapport à l'égard de F, quant au nombre de dents que H a à l'égard de I.

Il est désirable que la vitesse de rotation de *g* soit toujours bien inférieure à celle de A. Le rapport existant entre BC et HI assure cet effet, la vitesse de *g* restant toutefois telle qu'elle transmet à la voiture une vitesse très grande, ou un avancement aussi rapide qu'on le désire, la disposition étant telle qu'il n'est fourni que la force nécessaire pour la vitesse maxima et la charge maxima sur un plan horizontal, l'embrayage étant mû de sorte que le mouvement soit communiqué à *g* par H et I.

Lorsqu'on arrive à une rampe, l'embrayage est mû de manière que le mouvement soit communiqué par FG : la vitesse est par conséquent diminuée dans le rapport du diamètre respectif de ces deux roues, avec une augmentation correspondante de force.

Il est bon de faire remarquer que les conditions existant entre l'embrayage et les roues FH soient telles que, lorsque l'embrayage accuse une position centrale, aucun mouvement ne soit communiqué ni à l'une des roues ni à l'autre, de manière que, lorsque le train peut alors être arrêté, le moteur continuant de tourner a sa vitesse effective de marche et par conséquent prêt à remettre le train immédiatement en marche de nouveau, économisant ainsi le délai nécessaire de mise en train du moteur.

De ce qui précède, on comprendra facilement que la vitesse de rotation de l'armature peut être maintenue d'une manière constante, tandis que la vitesse du train peut être variée suivant les nécessités de la voie ou de la charge, en utilisant sous toutes ces conditions toute la puissance émise par le moteur.

Sur l'extrémité antérieure du wagon moteur, il se trouve un arbre *h* sur lequel est passé un manchon qui sert de support à l'extrémité inférieure d'un arbre *n* dont l'extrémité supérieure est fixée dans un support J qui permet un léger mouvement ou déplacement de l'arbre *n*. Sur *n* est montée la roue à vis sans fin N qui peut être appelée à engrener avec une vis sans fin B montée sur l'arbre *a* de l'armature. Vers l'extrémité inférieure de *n* est montée la roue d'angle *o* qui engrène avec la roue d'angle P montée sur l'arbre *h*; un plateau à manivelle Q est monté sur chaque extrémité de cet arbre et, à chaque bouton de manivelle, il est articulé une extrémité d'une bielle R ; ces bielles sont disposées pour être facilement soulevées au moyen d'un mécanisme simple quelconque, de façon qu'on puisse les détacher des rails et les redescendre en contact avec ces derniers.

Une boîte ou un cadre S est articulé sur R, il contient dans sa partie inférieure une roue *u* tournant sur le dessus du rail.

A l'intérieur de S et de chaque côté du rail sont montés des roues ou galets *s*, articulés excentriquement, comme cela est représenté ; l'espace entre eux à l'endroit le plus large excède suffisamment la largeur du rail pour permettre son passage dans cette aperture. D'après ce qui a été dit, il est évident que, si un corps de la largeur d'un rail est glissé entre les deux dans la direction de la flèche, fig. 2, ce corps écartera les roues l'une de l'autre, mais que, si le mouvement a lieu dans la direction opposée, il aura pour effet de rapprocher les galets *ss* l'un de l'autre, saisissant le corps entre eux.

Lorsque cela devient nécessaire, la roue à vis sans fin N est embrayée avec B, le mouvement étant par ce moyen communiqué aux bras R. Pendant la moitié de la rotation en avant, le bras R pousse la boîte S le long du rail. Au commencement de la dernière moitié du mouvement, les galets *s*, *s* se rapprochent l'un de l'autre, saisissant la ligne de rails et y serrant la boîte ou le cadre remontant le wagon vers S.

Dans le cas où les rails sont légers et où ils pourraient être endommagés ou frayés par les galets pinces, une disposition alternative, représentée à la fig. 17, peut être employée, qui présente une longue surface de serrage sur chaque côté du rail.

Dans cette figure, 4 est une boîte ou un cadre, articulé à la tige R et ayant la roue *u*, comme dans l'autre forme.

Des barres de serrage 1, 2, une de chaque côté, sont réunies à 4 à l'aide de genouillères 3 3.

Comme cela se voit, les barres 1, 2, par suite des genouillères employées, s'éloignent du rail lorsque la boîte ou le cadre est mû dans une direction, mais lorsque le cadre est mû dans la direction opposée, les barres se rapprochent du rail, le saisissent et y serrent la boîte ou le cadre.

Des ressorts peuvent être appliqués aux galets *s*, *s* ou aux barres 1, 2, de manière à les maintenir normalement contre le rail avec une légère pression, mais insuffisante pour les empêcher de glisser dans une direction, mais les appelant à agir instantanément au commencement du mouvement dans l'autre direction.

Par l'emploi des rampeurs décrits, une grande puissance de traction peut-être obtenue avec peu de poids ; il en résulte que le poids mort des locomotives et des wagons peut être réduit à un minimum.

Un autre but de cette invention est de produire un frein électro-magnétique simple et efficace, pouvant être employé sur toutes sortes de voitures de chemins de fer, mais destiné et adapté plus spécialement pour être employé dans le système décrit dans ce mémoire.

Il consiste à placer un électro-aimant dans une position telle par rapport à une partie quelconque métallique tournante des organes servant au mouvement de la voiture que l'on veut arrêter, que le circuit magnétique passe à travers cette partie métallique tournante, l'électro-aimant étant garni de têtes mobiles qui peuvent se mouvoir en avant et saisir la partie tournante toutes les fois que le circuit de l'aimant est fermé.

Sur l'axe et *dans* ou *près* de son centre est fixé rigidement un disque en fer qui tourne avec l'axe et entre les extrémités polaires d'un électro-aimant fixé *sur* ou supporté d'une manière convenable *au* fond du wagon.

Les noyaux de l'électro-aimant se projettent au delà des bobines, formant une broche, dont la dimension est réduite, si cela est nécessaire, les extrémités étant filetées pour recevoir des écrous. Sur chaque broche est placé un bloc en fer ou autre métal magnétique constituant une extension polaire fixée en place par un écrou.

Les orifices dans les blocs, dans lesquels passent les broches, sont allongés de manière que les blocs ou extensions polaires puissent se rapprocher et s'écarter du disque fixé sur l'axe, qui tourne entre eux. Les extensions polaires sont normalement maintenues écartées du disque à l'aide de ressorts appropriés de faible force.

Si on désire se servir du frein, un circuit provenant d'une source quelconque appropriée d'électricité est fermé à travers les bobines des électro-aimants, d'où il résulte que les extensions polaires attirent mutuellement le disque. Mais, ce dernier étant fixé, tandis que les extensions elles-mêmes sont mobiles, la force d'attraction les appelle à se mouvoir vers le disque et à le saisir entre elles, produisant ainsi un ralentissement ou un arrêt de sa rotation, et agissant ainsi sur les roues par l'intermédiaire du disque, comme frein efficace.

Lorsque le circuit est de nouveau interrompu, les ressorts ramènent les extensions polaires à leur position normale.

Si on le désire, dans le but de desserrer les freins instantanément, un courant momentané en sens opposé peut être admis dans le circuit directement après l'interception, ayant pour effet une répulsion momentanée, mais instantanée des extensions hors contact d'avec le disque, aidant ainsi les ressorts à rappeler les extensions polaires. Il est évident qu'au lieu d'un seul plusieurs séries de ces freins peuvent être appliquées sur chaque axe, si on le désire.

Ce frein est illustré aux fig. 19 et 20 des dessins dans lesquels fig. 19 est une vue perspective d'une partie du fond d'un wagon, représentant un frein. Fig. 20 représente en détail l'extension polaire et la broche du noyau.

A est le fond d'un wagon supporté sur le châssis E E ... B est un axe réunissant la roue C à une roue semblable qui se trouve de l'autre côté et qui n'est pas représentée.

Sur cet axe est fixée rigidement le disque en fer F tournant entre les extensions polaires *d*, *d* de l'électro-aimant D qui est fixé d'une manière convenable au châssis E, E.

Chacun des noyaux de l'aimant se projette au delà des bobines, formant une broche *g* sur chaque noyau, dont l'extrémité est filetée pour recevoir un écrou *h*.

Chaque extension polaire *d* est formée avec une fente allongée *e* de manière qu'elle puisse s'appliquer sur la broche et qu'elle puisse se mouvoir librement sur cette broche dans une direction, c'est-à-dire en se rapprochant et en s'écartant du disque F.

Un ressort *h* qui peut accuser une quelconque des formes bien connues est combiné avec chaque extension polaire et sert normalement à la maintenir écartée du disque.

Il est évident que l'électro-aimant D peut être monté de manière que la couronne ou une partie de la membrane de la roue C tourne entre *d*, *d*, et que ces organes opèrent directement sur cette partie au lieu d'agir sur un disque, le principe essentiel de l'invention étant que le circuit magnétique de l'électro-aimant soit fermé à travers une partie quelconque mobile.

Dans un système de chemin de fer électro-magnétique tel que celui-ci, où les lignes de rails elles-mêmes servent de conducteurs, il est désirable d'adapter des dispositions empêchant l'interruption de l'efficacité du courant à l'endroit des croisements, des aiguilles, des cœurs de croisement, etc., ou d'autres endroits où il pourrait être désirable d'exclure du circuit une partie de la voie.

Ce résultat peut être obtenu en réunissant les extrémités des lignes de rails en circuit adjacentes aux extrémités opposées de la section exclue, au moyen de fils métalliques ou d'autres conducteurs, de sorte qu'un circuit est formé autour de la section exclue.

Comme la plus grande longueur d'une section quelconque devant être exclue ne sera jamais en excès de la longueur moyenne d'un train, ou même de la longueur du train le plus court, je préfère accomplir ce résultat de la manière suivante.

Comme il a été ci-dessus décrit, il est fait usage de roues ayant leurs couronnes et leurs moyeux isolés les uns des autres, des brosses commutateurs étant disposées pour recevoir le courant de moyeux réunis électriquement aux couronnes, ces brosses commutateurs étant employées seulement conjointement avec les roues de la machine.

Je me propose maintenant d'employer ces brosses commutateurs conjointement avec les roues de plusieurs wagons d'un train, et un de ces wagons devrait toujours être le dernier du train.

Toutes les brosses commutateurs disposées des deux côtés du train étant réunies par un conducteur au commutateur approprié de la machine, les conducteurs étant disposés sur les wagons, de sorte qu'ils puissent être réunis facilement.

Grâce à cette disposition, la section exclue est rendue électriquement inefficace sur le train lui-même au lieu de l'être au moyen de fils attachés directement aux sections de voie en circuit.

Sur des chemins déjà construits et installés pour le transport au moyen de la vapeur, mais où il est désirable d'employer ce système de locomotion, il peut être préférable d'exécuter la transformation d'un système dans l'autre graduellement.

Afin de permettre une transformation graduelle, il est nécessaire d'adopter des dispositions qui permettent l'emploi des deux systèmes. Afin d'effectuer cela, un troisième rail ou rail central ou conducteur est nécessaire, réuni électriquement en sections d'une longueur appropriée et bien isolé à l'endroit de son assise. Aux wagons sont attachés des rouleaux ou roues auxiliaires tournant sur le troisième rail et transmettant le courant de ce rail *à* et *à travers* le moteur sur le train, les rails ordinaires servant de circuit de retour.

Cette disposition est illustrée aux fig. 21, 22 et 23, dans lesquelles :

Fig. 21 est une vue perspective des organes de roulement de deux voitures, chacune étant pourvue de moyens pour recevoir le courant de la voie, les voitures étant réunies ensemble.

Fig. 22 est une vue perspective représentant le troisième rail ou rail central et les dispositions des circuits sur les voitures.

Fig. 23 est une vue latérale d'une machine et d'une voiture disposées convenablement, et une coupe transversale des trois rails avec des communications pour le circuit.

A la fig. 21, A et B sont deux sections de rails, B étant une section réunie électriquement, tandis que A est exclue du circuit en *a*, A représentant un cœur de croisement, une aiguille ou un autre endroit où il est nécessaire ou désirable d'exclure électriquement une partie de la voie... C D sont les châssis de deux wagons, C étant le wagon portant la machine ou le moteur, dont les roues sont construites comme cela a été ci-dessus décrit, c'est-à-dire avec le moyeu et la couronne isolés l'un de l'autre, un cadre et un moyeu *b*, isolés du moyeu des roues, étant réunis à la couronne ou à une brosse commutateur *c* en contact avec *b* et complétant le circuit à la machine.

Des roues de la même construction sont employées sur le wagon D qui est le dernier du train composé d'un nombre quelconque de wagons attachés entre C et D, qui sont tous ou en partie construits d'une manière semblable.

Préférablement le châssis et le moyeu sur des wagons ordinaires sont à l'intérieur des roues, comme cela est représenté en *e* et *f*.

Des conducteurs 1 et 2 sont disposés suivant toute la longueur du train, réunissant tous les commutateurs 1 d'un côté, et 2 de l'autre.

Il est évident alors que, lorsque le wagon portant la machine a passé sur la section exclue, il n'y aura pas d'interruption de fonctionnement, parce que le courant passera de la section conductrice B à travers les roues et commutateurs du wagon D et à la machine à travers les conducteurs 1, 2.

Dans les sections ordinaires réunies électriquement, cette disposition offre l'avantage d'établir un contact avec les rails sur un grand nombre d'endroits, assurant une continuité parfaite du circuit et diminuant l'étincelle due à des contacts imparfaits qui pourraient résulter d'endroits oxydés du rail.

A la fig. 22 EE' sont les rails d'un chemin de fer ordinaire que l'on désire transformer graduellement suivant le système électro-magnétique. F est un troisième rail, posé préférablement entre les rails ordinaires et dans des chaises qui l'isolent complètement de ses attaches.

En partant d'un pôle du générateur, à la station ou à la source d'électricité, un conducteur 5 se dirige sur le rail central F, tandis qu'un conducteur 6, partant de l'autre pôle, se dirige sur les deux rails E, E', comme cela est représenté à la fig. 23.

Au châssis du wagon est attaché, mais isolé du wagon, un bras G portant un galet ou une roue *g* marchant sur le rail central F. A ce bras et à cette roue est réuni un conducteur 4 qui communique avec le moteur, d'où part un conducteur 3 complétant le circuit à partir du moteur à travers les parties en fer ou métalliques du wagon, aux rails E, E', qui constituent le circuit de retour.

Dans la pratique, *g* sera une roue additionnelle, afin d'avoir toujours un poids suffisant pour assurer un bon contact, même à l'endroit où le troisième rail est oxydé, la roue, cependant, par suite de son poids, servant à empêcher toute oxydation et à maintenir la surface du rail polie. Dans les dessins, cet organe est représenté plutôt en forme d'un galet que d'une roue, parce que les autres parties ne pourraient pas être vues clairement, s'il était représenté plus grand.

Il est préférable de se servir d'un rail pour le conducteur additionnel, vu que par ce moyen on obtient une grande masse de conducteur avec une faible résistance, à un prix moins élevé que si on se servait d'un conducteur en cuivre rouge, ou d'un autre préparé spécialement pour ce service et parce que des rails peuvent en général être obtenus facilement.

Si l'on fait usage de rails ordinaires pour F et de roues ordinaires pour *g*, on n'est pas obligé de préparer des organes spéciaux pendant que la transformation se fait, la méthode représentée ne nécessitant pour sa mise en pratique que des matières qu'on a généralement toutes prêtes ou que l'on peut se procurer facilement et que l'on peut employer pour leur service ordinaire, lorsqu'ils ne sont plus utiles pour cette application spéciale.

Lorsqu'on veut employer les rails d'une voie de chemin de fer, comme cela a été ci-dessus décrit, pour conducteurs d'un courant électrique, il existe toujours une conduite par les surfaces plus ou moins importantes, dont la quantité dépend des conditions hygrométriques du sol adjacent, des attaches, etc.

Afin de réduire considérablement, sinon d'empêcher complètement cette conduite par la surface, je préfère employer des moyens tels que les suivants.

Entre le rail et la traverse est placé un morceau de feutre, de papier mâché ou d'autre matière flexible isolante, préférablement préparée de manière à la rendre imperméable à l'eau, laquelle pièce remonte, en contact avec la membrane sur les deux côtés du rail, jusqu'à la tête, constituant une chaise isolante.

Entre cette pièce et le clou ou crampon est placée une pièce métallique ayant à peu près la même configuration que le patin du rail; la tête du clou porte sur cette pièce, afin qu'elle ne puisse exercer aucune usure ou détérioration sur la matière isolante.

Cette pièce métallique peut être remplacée par une pièce en bois bien plus lourde, constituant une chaise fixée par le crampon et maintenant à son tour le rail.

Le patin et la membrane du rail sont recouverts d'une composition quelconque élastique isolante, par exemple, d'une peinture contenant du caoutchouc, ou d'une peinture dont la base est l'huile de lin pure, les traverses, sur une longueur de quinze à trente centimètres environ de chaque côté du rail, étant peintes d'une manière semblable.

Afin d'isoler, d'une manière très parfaite, le troisième rail ou rail central ci-dessus mentionné, il doit être posé sur les traverses dans une chaise en verre ou autre matière isolante, mortaisée dans la traverse ou placée sur la traverse et y fixée à l'aide de crampons ou clous, ou bien une pièce isolante de verre peut être interposée entre le rail et une chaise métallique.

Quoique cette chaise en verre ou autre matière isolante soit mentionnée ici conjointement avec le troisième rail ou rail central, elle peut être employée conjointement avec tous les rails constituant un circuit électrique.

Ces diverses formes d'isolation sont illustrées aux fig. 24, 25, 26, 27, 28, 29, 30, 31, 32, 33, 34, 35 et 36.

Aux fig. 24, 25 et 27, A est un morceau de feutre, papier mâché, fibre vulcanisée ou autre matière flexible isolante placée sous et autour du rail B et se projetant vers le haut, le long de la membrane *a* jusqu'à la tête environ du rail, constituant une chaise isolante.

C, fig. 24, 26 et 27, est une pièce intermédiaire en métal placée entre A et les clous ou crampons *c* et servant à protéger A contre les détériorations par les crampons.

Au lieu de la pièce C, des pièces en bois D, fig. 28, peuvent être employées.

Le patin *b* et la membrane *a* des rails sont recouverts d'une composition quelconque élastique isolante, laissant seulement la tête du rail exposée ou en condition pour constituer un conducteur pour le courant,

Cette composition peut être une peinture contenant du caoutchouc ou une peinture ayant une base d'huile de lin pure ou toute autre huile pouvant s'oxyder.

Fig. 29, 30, 31, 32, 33, 34, 35 et 36, représentent la forme d'isolation mentionnée comme étant applicable spécialement au troisième rail ou rail central, quoiqu'elle convienne très bien pour l'isolation d'un rail quelconque.

A la fig. 29, le rail est placé dans une chaise en matière isolante, soit en verre, soit en bois, sa base K étant construite en une seule pièce, le rail au fond de la cavité dans laquelle il est fixé à l'aide de coins L en matière isolante.

Aux fig. 30 et 31, la chaise est en une autre matière isolante, par exemple, en verre, et construite en deux moitiés longitudinales, dont chacune a une entaille de la forme d'une moitié du patin du rail, chaque moitié étant glissée sur le pied. Dans la fig. 30, les côtés de la chaise sont inclinés en talus vers l'extérieur, qui sont pincés dans des mortaises formées dans la traverse, tandis que dans la fig. 31 la chaise porte sur la surface de la traverse et y est fixée au moyen de crampons ou clous.

Aux fig. 32 et 33, le patin du rail porte sur une pièce *m* de matière isolante, tandis que des pièces *n*, *n* de la même matière sont placées sur la surface supérieure du patin, des moitiés de chaises *o* étant placées de manière à maintenir ensemble toutes les parties et fixées ensuite à l'aide de crampons sur la traverse, soit directement comme cela est représenté à la fig. 32, soit avec une plaque métallique interposée, comme à la fig. 33.

Aux fig. 34 et 35, je fais usage d'une plaque ou base isolante *r* ayant la largeur du patin du rail, des pièces R étant employées sur le dessus du patin, le tout étant maintenu en position par des moitiés de chaises métalliques Q fixées sur la traverse à l'aide de crampons. A la fig. 34, la plaque ou base *r* est placée sur la surface de la traverse, tandis qu'à la fig. 35 elle est adaptée dans une mortaise à queue d'aronde formée dans la traverse.

A la fig. 36, je fais usage d'une chaise métallique d'une seule pièce à large cavité avec parois inclinées, dans laquelle est placée la chaise isolante, composée d'une base V et des pièces latérales T, le coin U servant à la maintenir en place.

Toutes ces dispositions sont semblables en ce que dans toutes le patin du rail est entouré d'une matière isolante de manière à empêcher complètement toute perte de fluide par la surface due au contact avec les traverses humides, etc., et elles ne diffèrent les unes des autres que par la forme donnée à la chaise métallique qui protège l'isolation et qui sert à fixer ensemble le rail et la matière isolante, et à fixer les deux d'une manière solide sur la traverse.

Quoique toute matière isolante puisse être employée, les meilleurs résultats sont obtenus avec du verre trempé suivant un quelconque des procédés connus. Ce verre supporte bien tous chocs ou secousses et ne se casse ou ne se fend point sous l'effet d'une usure quelconque ordinaire.

Ayant ainsi décrit la nature de mes perfectionnements, aussi bien que la meilleure manière que je connaisse pour leur mise en pratique, je revendique comme de mon invention et entends breveter :

Premièrement. Un système de chemin de fer électrique, dans lequel une voie est divisée en des sections électriques, les rails constituant les conducteurs, chaque section pourvue d'une station centrale, à laquelle est installée une machine appropriée, un générateur d'électricité et des moyens pour contrôler et compléter les circuits à des trains et à des aiguilles, des wagons qui sont divisés électriquement, de manière que les moteurs qu'ils portent soient isolés de la voie et des moyens pour compléter le circuit de la ligne de rails à travers le moteur, comme cela a été décrit.

Deuxièmement. La combinaison, avec une aiguille de la voie, d'un moteur électrique et d'un circuit pour la commande de l'aiguille, comme cela a été décrit.

Troisièmement. La combinaison, avec un châssis de wagon isolé de la voie, d'un moteur électrique, d'un organe de la traction électrique, et de lampes ou de deux quelconques de ces organes, lorsqu'ils sont disposés à l'arc multiple ou dans des circuits dérivés, comme cela a été décrit.

Quatrièmement. La combinaison, avec un châssis de wagon, d'une machine électrique pour actionner le wagon, et ayant ses aimants inducteurs et de champ de force dans des circuits dérivés séparés ou à arc multiple, comme cela été décrit.

Cinquièmement. La combinaison, avec une machine électrique montée *sur* et actionnant un wagon, d'un organe servant à renverser le circuit et de moyens pour actionner le renverseur d'une station distante, comme cela a été décrit.

Sixièmement. La combinaison, avec une machine électrique montée sur un wagon qu'il actionne et avec l'axe moteur principal, d'un régulateur recevant le mouvement de ce dernier et fonctionnant pour interrompre le circuit de la machine lorsqu'une vitesse prédéterminée est atteinte, comme cela a été ci-dessus décrit.

Septièmement. La combinaison, avec une section de rails principale réunie électriquement, d'une courte section réunie à la section principale à l'aide de conducteurs disposés de manière à changer la polarité du courant traversant chaque ligne de rails, comme cela a été décrit.

Huitièmement. Une roue de wagon construite avec un moyeu métallique et avec un centre métallique, réunis ensemble par une membrane en bois ou en une autre matière isolante.

Neuvièmement. Un wagon dans lequel une isolation est appliquée de manière que le corps soit isolé électriquement des couronnes des roues, comme cela a été décrit.

Dixièmement. La combinaison, avec une machine électrique montée sur un wagon qu'il actionne et avec l'axe moteur principal, d'un organe de réunion affolé ou flexible pour transmettre le mouvement de l'un à l'autre, comme cela a été décrit.

Onzièmement. La combinaison, avec un wagon, d'un aimant ou d'aimants agissant, lorsque le circuit est fermé, pour augmenter la traction du wagon sur la voie par leur influence magnétique, comme cela a été décrit.

Douzièmement. La combinaison, avec la couronne isolée et avec le ressort de contact pour en transmettre le courant, de plusieurs circuits à arc multiple, chacun contenant un organe employé pour faire marcher, pour contrôler ou pour éclairer un wagon, comme cela a été décrit.

Treizièmement. La combinaison, avec un wagon, d'une roue additionnelle à gorge périphérale montée dans un support ajustable, de moyens pour élever ou déprimer la roue et son support et d'un organe de réunion affolé ou flexible de cette roue à l'axe moteur principal, comme cela a été décrit.

Quatorzièmement. La combinaison d'une poulie à frottement affolée sur l'axe moteur principal, d'une poulie à frottement sur l'arbre moteur et d'une poulie oscillante ou mobile pour réunir les deux, d'une roue à chaîne sur la poulie folle, d'une roue à chaîne sur l'arbre de la roue à gorge et une chaîne sans fin, comme cela a été décrit.

Quinzièmement. La combinaison avec le levier de manœuvre d'un mécanisme à renverser le circuit, d'une plaque à camme maintenant normalement les leviers oscillants du renverseur hors contact d'avec leurs enclumes et toujours ouvrant un circuit avant de fermer l'autre, comme cela a été décrit.

Seizièmement. La combinaison sur un wagon d'une machine électrique pour actionner le wagon, d'un mécanisme à renverser le circuit, d'un régulateur centrifuge agissant pour établir ou interrompre le circuit, et d'un aimant ou d'aimants agissant pour augmenter la traction du wagon sur la voie, comme cela a été décrit.

Dix-septièmement. La combinaison, avec des roues motrices principales et avec des roues ordinaires d'un wagon, d'une roue adaptée à saisir la voie et pouvant être appelée à fonctionner suivant les besoins, comme cela a été décrit.

Dix-huitièmement. La combinaison, avec la section de voie principale, de la section MT et SW et de réunions pour les circuits et de moteurs aiguilleurs, au moyen desquels des trains peuvent être passés l'un à côté de l'autre, comme cela a été décrit.

Dix-neuvièmement. Dans une machine électro-magnétique pour chemins de fer, la combinaison, avec le moteur et l'axe commandé, d'une série d'engrenages variables et d'un embrayage pour varier les rapports de vitesse et de force suivant les besoins, comme cela a été représenté et décrit.

Vingtièmement. La combinaison, avec une machine électro-magnétique pour chemins de fer, d'un rampeur ou de rampeurs poussés simplement dans le rail suivant une direction par le moteur électrique et pinçant le rail par l'effet du mouvement dans la direction opposée.

Vingt et unièmement. La combinaison, avec un bras recevant du moteur un mouvement de va-et-vient, d'un cadre ou d'une caisse et d'organes de serrage y installés, susceptible de glisser le long du rail suivant une direction de marche, mais saisissant et serrant contre le rail lors de la marche dans la direction opposée, comme cela a été décrit.

Vingt-deuxièmement. La méthode de propulsion, comme cela est représenté, consistant à glisser en avant d'abord une partie mobile du mécanisme et à serrer ensuite cette partie sur la voie et à appeler la charge à se rapprocher de cette partie, comme cela a été décrit.

Vingt-troisièmement. La méthode d'obtenir une traction augmentée sans augmentation du poids, qui consiste à serrer le moteur positivement sur la voie, comme cela a été décrit.

Vingt-quatrièmement. La combinaison, avec un électro-aimant, d'extensions polaires montées *sur* ou attachées *aux* noyaux de l'aimant, de manière à avoir un mouvement sur l'aimant, s'écartant et se rapprochant l'une de l'autre.

Vingt-cinquièmement. La combinaison d'un disque monté rigidement sur un axe et d'un électro-aimant avec des extensions polaires mobiles entre lesquelles le disque tourne, comme cela a été représenté et décrit.

Vingt-sixièmement. Un frein électro-magnétique pour chemins de fer, consistant en un électro-aimant, construit de manière à saisir entre ses pôles une partie tournante des organes rotatifs, ou attachée à ces organes, comme cela a été décrit.

Vingt-septièmement. La combinaison d'une série de roues isolées et de brosses commutateurs sur divers wagons d'un train, et des réunions pour le circuit à travers, tous sur chaque côté respectivement du moteur, comme cela a été décrit.

Vingt-huitièmement. La combinaison d'un rail additionnel, réuni électriquement par sections, et d'une ou de plusieurs roues additionnelles sur le ou les châssis de wagon, mais isolés de ces châssis, pour compléter le circuit, comme cela a été décrit.

Vingt-neuvièmement. La combinaison d'un rail additionnel isolé, réuni électriquement par sections et réuni à un pôle de la source d'électricité, avec les rails ordinaires pour le trafic, l'un ou l'autre réuni, pour former l'autre extrémité de la source d'électricité ou terre, ou partie du circuit de retour pour l'électricité, comme cela a été décrit.

Trentièmement. La combinaison du rail avec une chaise en verre ou matière isolante, comme cela a été décrit.

Trente et unièmement. La combinaison, avec le rail et avec une chaise métallique, de plaques isolantes en verre interposées entre le rail et la chaise, comme cela a été décrit.

Trente-deuxièmement. La combinaison, avec les rails d'une voie constituant un circuit électrique, d'un coussinet ou d'une chaise isolante placée entre les rails et les traverses, comme cela a été décrit.

Trente-troisièmement. La combinaison, avec le coussinet ou la chaise isolante interposée entre les rails et les traverses, d'une pièce intermédiaire solide placée entre le crampon et le coussinet ou la chaise pour protéger cette dernière, comme cela a été décrit.

Trente-quatrièmement. Une ligne de rails réunis électriquement pour former un circuit ou une partie d'un circuit et ayant le patin et la membrane des rails recouverts d'une composition élastique isolante, comme cela a été décrit.

4168. — Imprimerie A. Lahure, rue de Fleurus, 9, à Paris.

PARIS, IMPRIMERIE A. LAHURE
RUE DE FLEURUS, 9

www.ingramcontent.com/pod-product-compliance
Lightning Source LLC
LaVergne TN
LVHW010013230826
846092LV00002B/798

* 9 7 8 2 3 2 9 6 3 4 1 9 7 *